大方廣佛華嚴經 寫經

57

🌸 일러두기

1. 『사경본 한글역 대방광불화엄경』은 『독송본 한문·한글역 대방광불화엄경』에 수록된 한글역을 사경하는 데 편의를 도모하기 위해 편집을 달리하여 간행한 것이다.

2. 『독송본 한문·한글역 대방광불화엄경』은 실차난타가 한역(695~699)한 80권 『대방광불화엄경』의 한문 원문과 한글역을 함께 수록한 것이다. 한문 저본은 고종 2년(1865) 월정사에서 인경한 고려대장경 『대방광불화엄경』이다.

3. 한글 번역은 동국역경원에서 발간한 한글 『대방광불화엄경』(운허)을 중심으로 하고 『신화엄경합론』(탄허)과 『대방광불화엄경 강설』(여천무비) 그리고 최근의 여타 번역본 등을 참조하였다.

4. 한글 번역은 독송과 사경을 위하여 정확성과 아울러 가독성을 고려하였다. 극존칭은 부처님과 불경 계에 대해서만 사용하였다.

5. 사경본의 차례는 일러두기 → 한글역 본문 → 화엄경 목차 → 간행사이며 80권 『대방광불화엄경』의 권별 목차 순으로 독송본과 함께 간행한다. (법공양판에는 간행사 다음에 간행불사 동참자를 밝혀 두었다.)

사경본 한글역
대방광불화엄경 제57권

38. 이세간품 [5]

수미해주

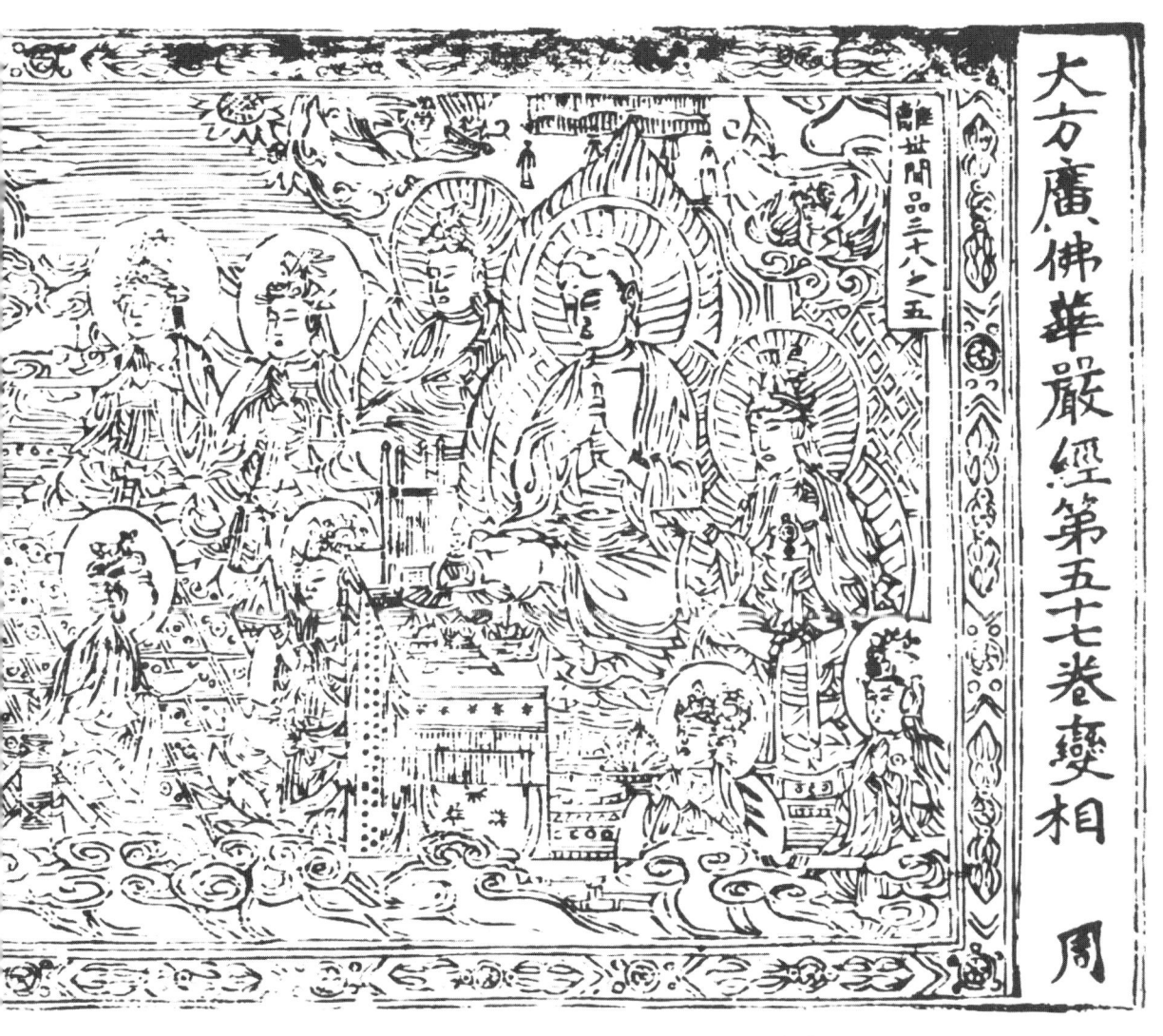

대방광불화엄경 제57권 변상도

대방광불화엄경
제57권

38. 이세간품 [5]

    _____ 은(는)『대방광불화엄경』을
사경하는 인연공덕으로
『화엄경』이 널리 유통되고
우리 모두 다함께 보리 이루기를 발원하옵니다.

대방광불화엄경
제57권

38. 이세간품 [5]

"불자들이여, 보살마하살이 열 가지 습기가 있다.

무엇이 열인가?

이른바 보리심의 습기와, 선근의 습기와, 중생을 교화하는 습기와, 부처님을 친견하는 습기와, 청정한 세계에 태어나는 습기와, 행의 습기와, 서원의 습기와, 바라밀의 습기와, 평등한 법을 사유하는 습기와, 갖가지 경계가 차별한 습기이다.

이것이 열이다.

만약 모든 보살들이 이 법에 편안히 머무르면 곧 일체 번뇌의 습기를 영원히 여의고 여래의 큰 지혜인 습기이면서 습기가 아닌 지혜를 얻는다.

불자들이여, 보살마하살이 열 가

지 취함이 있다. 이로써 모든 보살의 행을 끊지 않는다.

무엇이 열인가?

이른바 일체 중생계를 취함이니 끝까지 교화하는 까닭이며, 일체 세계를 취함이니 끝까지 깨끗하게 장엄하는 까닭이며, 여래를 취함이니 보살행을 닦아 공양올리는 까닭이다.

선근을 취함이니 모든 부처님의 상호와 공덕을 쌓아 모으는 까닭이며, 대비를 취함이니 일체 중생의 괴로움을 없애는 까닭이며, 대자를 취함이니 일체 중생에게 일체 지혜의 즐거움을 주는 까닭이다.

바라밀을 취함이니 보살의 모든 장엄을 쌓아 모으는 까닭이며, 선교 방편을 취함이니 일체 처소에서 다 나타내 보이는 까닭이며, 보리를 취함이니 걸림 없는 지혜를 얻는 까닭이다.

간략히 말하면 보살이 일체 법을 취함이니 일체 처소에서 모두 밝은 지혜로 분명히 아는 까닭이다.

이것이 열이다.

만약 모든 보살들이 이 취함에 편안히 머무르면 곧 능히 모든 보살의 행을 끊지 않고 일체 여래의 위없는 취할 바 없는 법을 얻는다.

불자들이여, 보살마하살이 열 가지 닦음이 있다.
무엇이 열인가?
이른바 모든 바라밀을 닦으며, 배움을 닦으며, 지혜를 닦으며, 이치를 닦으며, 법을 닦으며, 벗어남을 닦으며, 나타내 보임을 닦으며, 부지런히 행하여 게으르지 않음을 닦으며, 평등하고 바른 깨달음 이룸을 닦으며, 바른 법륜 굴림을 닦는다.

이것이 열이다.

만약 모든 보살들이 그 가운데 편안히 머무르면 곧 위없는 닦음을 얻어서 일체 법을 닦는다.

불자들이여, 보살마하살이 열 가지 부처님 법을 성취함이 있다.

무엇이 열인가?

이른바 선지식을 떠나지 아니하여

부처님 법을 성취하며, 부처님의 말씀을 깊이 믿어서 부처님 법을 성취한다.

바른 법을 비방하지 아니하여 부처님 법을 성취하며, 한량없고 다함없는 선근으로 회향하여 부처님 법을 성취한다.

여래의 경계가 끝없음을 믿고 이해하여 부처님 법을 성취하며, 일체 세계의 경계를 알아서 부처님 법을 성취한다.

법계의 경계를 버리지 아니하여 부

처님 법을 성취하며, 모든 마의 경계를 멀리 떠나서 부처님 법을 성취한다.

일체 모든 부처님의 경계를 바르게 생각하여 부처님 법을 성취하며, 여래 십력의 경계를 즐겨 구하여 부처님 법을 성취한다.

이것이 열이다.

만약 모든 보살들이 이 법에 편안히 머무르면 곧 여래의 위없는 큰 지혜를 성취함을 얻는다.

불자들이여, 보살마하살이 열 가지 부처님 법에서 물러남이 있으니 마땅히 멀리 여의어야 한다.

무엇이 열인가?

이른바 선지식을 가벼이 여기어 부처님 법에서 물러나며, 생사의 괴로움을 두려워하여 부처님 법에서 물러나며, 보살행을 닦기 싫어하여 부처님 법에서 물러난다.

세간에 머무르는 것을 즐겨하지 아니하여 부처님 법에서 물러나며, 삼매에 탐착하여 부처님 법에서 물러나며, 선근에 집착하여 부처님 법에서 물러난다.

바른 법을 비방하여 부처님 법에서 물러나며, 보살행을 끊어 부처님 법에서 물러나며, 이승의 도를 즐겨하여 부처님 법에서 물러나며, 모든 보살들을 싫어하고 원망하여 부처님 법에서 물러난다.

이것이 열이다.

만약 모든 보살들이 이 법을 멀리 여의면 곧 보살의 생을 여의는 길에 들어간다.

불자들이여, 보살마하살이 열 가지 생을 여의는 길이 있다.

무엇이 열인가?

이른바 반야바라밀을 내되 일체 중생을 항상 관찰하니, 이것이 하나이다. 모든 사견을 멀리 여의되 일체 사견에 얽매인 중생을 제도하여 해탈시키니, 이것이 둘이다.

일체 모양을 생각하지 아니하되 일체 모양에 집착한 중생을 버리지 아니하니, 이것이 셋이다. 삼계를 초과하되 항상 일체 세계에 있으니, 이것이 넷이다.

 번뇌를 길이 여의되 일체 중생과 더불어 함께 있으니, 이것이 다섯이다. 탐욕을 여의는 법을 얻되 항상 대비로 일체 탐욕에 집착한 중생들을 가엾게 여기니, 이것이 여섯이다.

 고요함을 항상 즐기되 늘 일체 권속을 나타내 보이니, 이것이 일곱이다. 세간에 태어남을 여의되 여기서 죽고 저기에 태어나서 보살행을 일으키니, 이것이 여덟이다.

 일체 세간법에 물들지 아니하되 일

체 세간에서 짓는 바를 끊지 아니하니, 이것이 아홉이다. 모든 부처님의 보리가 이미 그 앞에 나타났으되 보살의 일체 원과 행을 버리지 아니하니, 이것이 열이다.

불자들이여, 이것이 보살마하살의 열 가지 생을 여의는 길이니, 세간을 벗어나서 세간과 더불어 함께하지 아니하되 또한 이승의 행과 섞이지도 않는다. 만약 모든 보살들이 이 법에 편안히 머무르면 곧 보살의 결정한 법을 얻는다.

불자들이여, 보살마하살이 열 가지 결정한 법이 있다.

무엇이 열인가?

이른바 결정코 여래의 종족 중에 태어나며, 결정코 모든 부처님의 경계 속에 머무르며, 결정코 보살의 지을 바 일을 밝게 알며, 결정코 모든 바라밀에 편안히 머무른다.

결정코 여래의 대중모임에 참여하며, 결정코 여래의 종성을 능히 나타내며, 결정코 여래의 힘에 편안히 머무른다.

결정코 부처님의 보리에 깊이 들어가며, 결정코 일체 여래와 더불어 동일한 몸이며, 결정코 일체 여래와 더불어 머무르는 바가 둘이 없다.

이것이 열이다.

불자들이여, 보살마하살이 열 가지 부처님 법을 출생하는 길이 있다.

무엇이 열인가?

이른바 착한 벗을 따르는 것이 부처님 법을 출생하는 길이니 선근을 함께 심는 까닭이며, 깊은 마음으로 믿고 이해하는 것이 부처님 법을 출생하는 길이니 부처님의 자재하심을 아는 까닭이다.

큰 서원을 세우는 것이 부처님 법을 출생하는 길이니 그 마음이 너그러운 까닭이며, 자기의 선근을 아는 것이 부처님 법을 출생하는 길이니 업을 잃지 않음을 아는 까닭이다.

일체 겁 동안 수행하되 만족해 싫어함이 없는 것이 부처님 법을 출생하는 길이니 미래제를 다하는 까닭이며, 아승지 세계에 다 나타내 보이는 것이 부처님 법을 출생하는 길이니 중생을 성숙시키는 까닭이다.

 보살행을 끊지 않는 것이 부처님 법을 출생하는 길이니 대비를 증장하는 까닭이며, 한량없는 마음이 부처님 법을 출생하는 길이니 한 생각에 일체 허공계에 두루하는 까닭이다.

 수승한 행이 부처님 법을 출생하는 길이니 본래 닦은 바 행을 잃어버리지 않는 까닭이며, 여래의 종성이 부처님 법을 출생하는 길이니 일체 중생으로 하여금 보리심을 즐겨 내어서 일체 착한 법으로 도와 지니게 하는 까닭이다.

이것이 열이다.

만약 모든 보살들이 이 법에 편안히 머무르면 곧 대장부의 명호를 얻는다.

불자들이여, 보살마하살이 열 가지 대장부의 명호가 있다.

무엇이 열인가?

이른바 이름이 '보리살타'이니 보

리의 지혜로 생긴 까닭이며, 이름이 '마하살타'이니 대승에 편안히 머무른 까닭이며, 이름이 '제일살타'이니 제일의 법을 증득한 까닭이다.

이름이 '승살타'이니 수승한 법을 깨달은 까닭이며, 이름이 '최승살타'이니 지혜가 가장 수승한 까닭이며, 이름이 '상살타'이니 상품 정진을 일으킨 까닭이다.

이름이 '무상살타'이니 위없는 법을 열어 보인 까닭이며, 이름이 '역살타'이니 십력을 널리 안 까닭이며,

이름이 '무등살타'이니 세간에 견줄 이가 없는 까닭이며, 이름이 '부사의살타'이니 한 생각에 성불한 까닭이다.

이것이 열이다.

만약 모든 보살들이 이 명호를 얻으면 곧 보살의 도를 성취한다.

불자들이여, 보살마하살이 열 가지 도가 있다.

무엇이 열인가?

이른바 한 길이 보살의 도이니 오

직한 보리심을 버리지 않는 까닭이다.

두 가지 길이 보살의 도이니 지혜와 방편을 출생하는 까닭이다.

세 가지 길이 보살의 도이니 공하고 모양이 없고 원이 없음을 행하여 삼계에 집착하지 않는 까닭이다.

네 가지 행이 보살의 도이니 죄의 장애를 참회하여 없애며, 복덕을 따라 기뻐하며, 공경하고 존중하여 여래께 권청하며, 교묘하게 회향하여 쉬지 않는 까닭이다.

다섯 가지 근이 보살의 도이니 깨끗한 믿음에 편안히 머물러 견고하여 움직이지 않으며, 큰 정진을 일으켜 짓는 바가 끝까지 이르며, 한결같이 바르게 생각하여 다른 반연이 없으며, 삼매에 들고 나는 방편을 교묘하게 알며, 지혜의 경계를 잘 능히 분별하는 까닭이다.

여섯 가지 신통이 보살의 도이다.

이른바 하늘눈으로 일체 세계에 있는 바 온갖 색을 모두 보아 모든 중생들의 여기서 죽어 저기에 태어남을 아는 까닭이며, 하늘귀로 모든 부처님의 설법을 모두 들어서 받아 지니고 기억하여 널리 중생들을 위하여 근기를 따라 연설하는 까닭이며, 다른 이의 마음을 아는 지혜로 다른 이의 마음을 능히 알아서 자재하여 걸림이 없는 까닭이다.

전생 일을 아는 생각으로 과거 일체 겁의 수효를 기억하여 알아서 선근을 증장하는 까닭이며, 신묘함이 구족한 신통으로 마땅히 교화할 바 일체 중생을 따라 갖가지로 나타나서 법을 좋아하게 하는 까닭이며, 번뇌가 다한 지혜로 실제를 밝게 증득하고 보살행을 일으켜 끊어지지 않는 까닭이다.

일곱 가지 생각함이 보살의 도이다.

이른바 부처님을 생각함이니 한 모공에서 한량없는 부처님을 친견하고 일체 중생의 마음을 깨우치는 까닭이며, 법을 생각함이니 한 여래의 대중모임을 떠나지 않고 일체 여래의 대중모임에서 묘한 법문을 친히 받들고 모든 중생들의 근성과 욕락을 따라서 연설하여 깨달아 들게 하는 까닭이며, 스님을 생각함이니 항상 계속 보아서 휴식함이 없어 일체 세간에서 보살을 친견하는 까닭이다.

　버림을 생각함이니 일체 보살의 버리는 행을 밝게 알아서 광대하게 보시하는 마음을 증장하는 까닭이며, 계를 생각함이니 보리심을 버리지 않고 일체 선근으로 중생들에게 회향하는 까닭이며, 하늘을 생각함이니 항상 도솔타천궁의 일생보처 보살을 생각하는 까닭이며, 중생을 생각함이니 지혜와 방편으로 교화하고 조복하되 일체에게 널리 미치어 끊어짐이 없는 까닭이다.

보리의 여덟 가지 성스러운 길을 따르는 것이 보살의 도이다.

이른바 바른 견해의 도를 행함이니 일체 모든 삿된 견해를 멀리 여의는 까닭이며, 바른 사유를 일으킴이니 허망한 분별을 버리고 마음이 항상 일체지를 따르는 까닭이며, 항상 바른 말을 행함이니 말의 네 가지 허물을 여의고 성인의 말을 따르는 까닭이며, 항상 바른 업을 닦음이니 중생을 교화하여 조복하게 하는 까닭이다.

바른 생활에 편안히 머무름이니 두타로 만족함을 알며 위의를 바르게 하며 보리를 수순하며 네 성인의 종자를 행하여 일체 허물을 다 영원히 여의는 까닭이며, 바른 정진을 일으킴이니 일체 보살의 고행을 부지런히 닦아 부처님의 십력에 들어가 걸림이 없는 까닭이다.

마음이 항상 바르게 살핌이니 일체 말과 음성을 모두 능히 기억해 지녀서 세간의 산란한 마음을 멸하여 없애는 까닭이며, 마음이 항상 바르게 안정됨이니 보살의 부사의한 해탈문에 잘 들어가서 한 삼매 가운데 일체 모든 삼매를 출생하는 까닭이다.

아홉 가지 차례로 얻는 선정에 들어감이 보살의 도이다.

이른바 욕심과 성냄과 해침을 여의되 일체 말의 업으로써 법을 설함이 걸림 없다.

  거친 생각과 미세한 생각을 멸하여 없애되 일체 지혜의 각관으로 중생을 교화한다.

  기쁨과 사랑을 버리어 여의되 일체 부처님을 친견하고 마음이 크게 환희한다.

  세간의 낙을 떠나되 출세간의 보살도의 낙을 따른다.

  이로부터 흔들리지 아니하고 무색계의 선정에 들되 또한 욕계와 색계에 태어남을 버리지 아니한다.

비록 일체 생각과 느낌을 없앤 선정에 머무르되 또한 보살행을 쉬지 않는 까닭이다.

 부처님의 십력을 배움이 보살의 도이다.

 이른바 옳은 도리와 그른 도리를 잘 아는 지혜이며, 일체 중생의 과거·미래·현재의 업과 과보의 원인과 결과를 잘 아는 지혜이다.

 일체 중생의 상·중·하 근기가 같지 않음을 잘 알고 마땅함을 따라 법을 설하는 지혜이며, 일체 중생의 갖

가지 한량없는 성품을 잘 아는 지혜이다.

일체 중생의 하·중·상의 지혜가 차별함을 잘 알고 법의 방편에 들게 하는 지혜이며, 일체 세간과 일체 세계와 일체 삼세와 일체 겁에 두루하여 여래의 형상과 위의를 널리 나타내되 또한 보살의 행할 바를 버리지 않는 지혜이다.

일체 모든 선정과 해탈과 모든 삼매의 더럽고 깨끗함과 때와 때 아님을 잘 알아서 방편으로 모든 보살의 해탈문을 출생하는 지혜이며, 일체 중생의 모든 갈래에서 여기서 죽고 저기에 태어나는 차별을 아는 지혜이다.

한 생각 동안에 삼세의 일체 겁의 수효를 모두 아는 지혜이며, 일체 중생의 욕락과 모든 번뇌와 의혹과 습기를 다 없앰을 잘 아는 지혜로, 모든 보살의 행을 버리어 여의지 아니한다.

이것이 열이다.

만약 모든 보살들이 이 법에 편안

히 머무르면 곧 일체 여래의 위없는 교묘한 방편의 도를 얻는다.

불자들이여, 보살마하살이 한량없는 도와 한량없는 도를 도움과 한량없는 도를 닦음과 한량없는 도를 장엄함이 있다.

불자들이여, 보살마하살이 열 가지 한량없는 도가 있다.

무엇이 열인가?

이른바 허공이 한량없는 까닭으로 보살의 도가 또한 한량없으며, 법계가 가없는 까닭으로 보살의 도가 또한 한량없으며, 중생계가 다함없는 까닭으로 보살의 도가 또한 한량없으며, 세계가 끝이 없는 까닭으로 보살의 도가 또한 한량없다.

겁의 수효가 다하지 않는 까닭으로 보살의 도가 또한 한량없으며, 일체 중생의 말하는 법이 한량없는 까닭으로 보살의 도가 또한 한량없으며, 여래의 몸이 한량없는 까닭으로 보살의 도가 또한 한량없으며, 부처님의 음성이 한량없는 까닭으로 보살의 도가 또한 한량없다.

여래의 힘이 한량없는 까닭으로 보살의 도가 또한 한량없으며, 일체지의 지혜가 한량없는 까닭으로 보살의 도가 또한 한량없다.

이것이 열이다.

불자들이여, 보살마하살이 열 가지 한량없는 도를 도움이 있다.

이른바 허공계가 한량없듯이 보살이 모으는 도를 도움이 또한 한량없으며, 법계가 가없듯이 보살이 모으는 도를 도움이 또한 가없으며, 중생계가 다함없듯이 보살이 모으는 도를 도움이 또한 다함없으며, 세계가 끝없듯이 보살이 모으는 도를 도움이 또한 끝없다.

겁의 수효를 말로 다할 수 없듯이 보살이 모으는 도를 도움이 또한 일체 세간에서 말로 다할 수 없으며, 중생의 말하는 법이 한량없듯이 보살이 모으는 도를 도움이 지혜를 출생하여 말의 법을 아는 것이 또한 한량없으며, 여래의 몸이 한량없듯이 보살이 모으는 도를 도움이 일체 중생과 일체 세계와 일체 세상과 일체 겁에 두루한 것이 또한 한량없다.

부처님의 음성이 한량없듯이 보살이 한 음성을 냄에 법계에 두루하여 일체 중생이 듣고 알지 못하는 이가 없는 까닭으로 모으는 바 도를 도움이 또한 한량없으며, 부처님의 힘이 한량없듯이 보살이 여래의 힘을 받들어 쌓아 모으는 도를 도움이 또한 한량없으며, 일체지의 지혜가 한량없듯이 보살이 쌓아 모으는 도를 도움이 또한 이와 같이 한량없다.

이것이 열이다.

만약 모든 보살들이 이 법에 편안히 머무르면 곧 여래의 한량없는 지혜를 얻는다.

불자들이여, 보살마하살이 열 가지 한량없는 도를 닦음이 있다.

무엇이 열인가?

이른바 오지도 않고 가지도 않는 닦음이니 몸과 말과 뜻의 업이 동작이 없는 까닭이며, 더하지도 않고 덜

하지도 않는 닦음이니 본래 성품과 같은 까닭이며, 있음도 아니고 없음도 아닌 닦음이니 자체 성품이 없는 까닭이다.

환과 같고, 꿈과 같고, 그림자와 같고, 메아리와 같고, 거울 속의 형상과 같고, 무더울 때의 아지랑이와 같고, 물속의 달과 같은 닦음이니 일체 집착을 여의는 까닭이다.

공하고 모양이 없고 원이 없고 지음이 없는 닦음이니 삼계를 밝게 보고 복덕을 모아 쉬지 않는 까닭이며,

말할 수 없고 말이 없고 말을 여읜 닦음이니 시설하고 안립하는 법을 멀리 여의는 까닭이며, 법계를 깨뜨리지 않는 닦음이니 지혜로 일체 법을 밝게 아는 까닭이다.

진여의 진실한 경계를 무너뜨리지 않는 닦음이니 진여의 진실한 경계와 허공의 경계에 널리 들어가는 까닭이며, 광대한 지혜로 닦음이니 모든 짓는 바에 힘이 다하지 않는 까닭이며, 여래의 십력과 사무소외와 일체지의 지혜가 평등함에 머무른 닦음이니 일체 법을 눈앞에 보고 의혹이 없는 까닭이다.

이것이 열이다.

만약 모든 보살들이 이 법에 편안히 머무르면 곧 여래의 일체지와 위없는 선교로 닦음을 얻는다.

불자들이여, 보살마하살이 열 가지 장엄하는 도가 있다.

무엇이 열인가?

불자들이여, 보살마하살이 욕계를 떠나지 아니하고, 색계와 무색계의 선정과 해탈과 모든 삼매에 들어가되 또한 이것을 인하여 저기에 태어나지도 아니한다. 이것이 첫째 장엄하는 도이다.

지혜가 앞에 나타나서 성문의 도에 들어가되 이 도로써 벗어남을 취하지 아니한다. 이것이 둘째 장엄하는 도이다.

지혜가 앞에 나타나서 벽지불의 도에 들어가되 대비를 일으켜 쉬지 아니한다. 이것이 셋째 장엄하는 도이다.

비록 인간과 천상의 권속들이 둘러싸 있고 백천의 채녀들이 노래하고 춤추며 시중들더라도, 일찍이 잠시도 선정과 해탈과 모든 삼매를 버리지 아니하였다. 이것이 넷째 장엄하는 도이다.

일체 중생과 함께 모든 욕락을 받아서 함께 서로 즐거워하되 내지 일찍이 한 생각 사이도 보살의 평등한 삼매를 버리어 여의지 아니하였다. 이것이 다섯째 장엄하는 도이다.

이미 일체 세간의 피안에 이르러

모든 세상 법에 다 집착하는 바가 없
되 또한 중생을 제도하는 행을 버리
지 아니한다. 이것이 여섯째 장엄하
는 도이다.

　바른 길과 바른 지혜와 바른 견해
에 편안히 머무르되 일체 삿된 길에
들어감을 능히 보여서, 진실하다고
생각하여 취하지 아니하며 깨끗하다
고 생각하여 집착하지 아니하여, 저
중생들로 하여금 삿된 법을 멀리 여
의게 한다. 이것이 일곱째 장엄하는
도이다.

여래의 청정한 계를 항상 잘 보호해 지니고 몸과 말과 뜻의 업이 모든 허물이 없으나, 계를 범한 중생을 교화하려 하여 일체 어리석은 범부의 행을 행하여 보인다.

비록 청정한 복덕을 이미 구족하여 보살의 갈래에 머무르나 일체 지옥과 축생과 아귀와 그리고 모든 험난하고 빈궁한 등의 곳에 태어남을 보여서 저 중생들로 하여금 다 해탈을 얻게 하되, 진실로 보살은 저 갈래에 태어나지 않는다. 이것이 여덟째 장엄하는 도이다.

　다른 이의 가르침을 말미암지 않고 걸림 없는 변재와 지혜의 광명을 얻어서 널리 일체 부처님 법을 능히 밝게 비추나 일체 여래의 위신력으로 가지한 바가 된다. 일체 모든 부처님과 더불어 법신이 같으며, 일체 견고한 대인의 밝고 깨끗한 비밀한 법을 성취하였으나 일체 평등한 모든 탈 것에 편안히 머무른다.

　모든 부처님의 경계가 그 앞에 다 나타나 일체 세상의 지혜 광명을 구족하여 일체 모든 중생계를 비추어 보아서 능히 중생들을 위하여 법을 아는 스승이 되었으나 바른 법을 구함을 보이기를 일찍이 쉬지 아니하였다.

 비록 실로 중생들에게 위없는 스승이 되었으나 아사리화상에게 존경을 행함을 보인다. 왜냐하면 보살마하살이 선교 방편으로 보살의 도에 머물러서 그 마땅한 바를 따라서 다 나타내 보인다. 이것이 아홉째 장엄하는 도이다.

선근이 구족하고 모든 행이 끝까지 이르러 일체 여래께서 함께 관정하시는 바이며, 일체 법이 자재한 피안에 이르러 걸림 없는 법의 비단으로 그 머리를 꾸미었다. 그 몸이 일체 세계에 두루 이르러 여래의 걸림 없는 몸을 널리 나타내며, 법에 자재하여 최상으로 끝까지 이르러서 걸림 없이 청정한 법륜을 굴리며, 일체 보살의 자재한 법을 다 이미 성취하였으되 중생을 위한 까닭으로 일체 국토에 태어남을 나타내 보인다.

삼세 모든 부처님과 더불어 경계가 같으나 보살의 행을 그만두지 않으며, 보살의 법을 버리지 않으며, 보살의 업을 게을리하지 않으며, 보살의 도를 여의지 않으며, 보살의 위의를 느슨하게 하지 않으며, 보살의 취함을 끊지 않으며, 보살의 교묘한 방편을 쉬지 않으며, 보살의 지을 바 일을 끊지 않으며, 보살의 이루는 작용을 싫어하지 않으며, 보살의 머물러 유지하는 힘을 그치지 않는다.

무슨 까닭인가? 보살이 아뇩다라

삼먁삼보리를 빨리 증득하려고 일체 지혜의 문을 관하며 보살의 행을 닦아 휴식함이 없는 까닭이다. 이것이 열째 장엄하는 도이다.

만약 모든 보살들이 이 법에 편안히 머무르면 곧 여래의 위없는 큰 장엄하는 도를 얻되 또한 보살의 도를 버리지 않는다.

불자들이여, 보살마하살이 열 가지 발이 있다.

무엇이 열인가?

이른바 계를 지니는 발이니 수승한 큰 서원을 모두 원만히 이루는 까닭이며, 정진하는 발이니 일체 보리의 부분법을 모아 물러나지 않는 까닭이며, 신통의 발이니 중생의 욕망을 따라 환희하게 하는 까닭이며, 신통한 힘의 발이니 한 부처님 세계를 떠나지 않고 일체 부처님 세계에 가는 까닭이다.

깊은 마음의 발이니 일체 수승한 법을 구하기를 원하는 까닭이며, 견고한 서원의 발이니 일체 짓는 바가 다 끝까지 이르는 까닭이며, 따라 주는 발이니 일체 높은 분의 가르침을 어기지 않는 까닭이다.

 법을 좋아하는 발이니 일체 부처님께서 설하신 법을 들어 지니고 피로해하거나 게으르지 않는 까닭이며, 법비의 발이니 대중을 위하여 연설하되 겁약이 없는 까닭이며, 수행하는 발이니 일체 모든 악을 다 멀리 여의는 까닭이다.

 이것이 열이다.

 만약 모든 보살들이 이 법에 편안

히 머무르면 곧 여래의 위없고 가장 수승한 발을 얻어서 만약 한번 발을 들어 걸으면 모두 능히 일체 세계에 두루 이른다.

불자들이여, 보살마하살이 열 가지 손이 있다.
무엇이 열인가?
이른바 깊이 믿는 손이니 부처님께서 설하신 바를 한결같이 알고 끝까지 받들어 지니는 까닭이며, 보시하는 손이니 와서 구하는 자가 있으면 그 바라는 바를 따라서 다 충만하게 하는 까닭이다.

먼저 뜻을 내어 문안하는 손이니 오른손을 펴서 맞아 영접하는 까닭이며, 모든 부처님께 공양올리는 손이니 온갖 복덕을 모아서 피로해하거나 싫어함이 없는 까닭이다.

많이 들어서 교묘한 손이니 일체 중생의 의심을 모두 끊는 까닭이며, 삼계를 뛰어넘게 하는 손이니 중생들을 욕망의 수렁에서 빼내어 건져 주는 까닭이다.

피안에 두는 손이니 네 가지 폭류 속에 빠진 중생들을 구해 주는 까닭이며, 바른 법을 아끼지 않는 손이니 가지고 있는 묘한 법을 다 열어 보이는 까닭이다.

온갖 언론을 잘 쓰는 손이니 지혜의 약으로 몸과 마음의 병을 없애는 까닭이며, 지혜 보배를 항상 가지는 손이니 법의 광명을 열어 번뇌의 어두움을 깨뜨리는 까닭이다.

이것이 열이다.

만약 모든 보살들이 이 법에 편안

히 머무르면 곧 여래의 위없는 손을 얻어서 시방의 일체 세계를 널리 덮는다.

불자들이여, 보살마하살이 열 가지 배가 있다.

무엇이 열인가?

이른바 아첨과 바르지 않음을 여읜 배이니 마음이 청정한 까닭이며, 거짓 환을 여읜 배이니 성품이 바르고 곧은 까닭이며, 헛되지 않은 배이니 험하고 치우침이 없는 까닭이며,

속이고 빼앗음이 없는 배이니 일체 물건에 탐하는 바가 없는 까닭이다.

번뇌가 끊어진 배이니 지혜를 갖춘 까닭이며, 깨끗한 마음의 배이니 모든 악을 여읜 까닭이며, 음식을 관찰하는 배이니 사실과 같은 법을 생각하는 까닭이다.

지음이 없음을 관찰하는 배이니 인연으로 일어남을 깨닫는 까닭이며, 일체 벗어나는 길을 깨달은 배이니 깊은 마음을 잘 성숙한 까닭이며, 일체 치우친 소견의 때를 멀리 여읜 배이니 일체 중생으로 하여금 부처님의 배에 듦을 얻게 하는 까닭이다.

이것이 열이다.

만약 모든 보살들이 이 법에 편안히 머무르면 곧 여래의 위없는 광대한 배를 얻어서 일체 중생을 모두 능히 수용한다.

불자들이여, 보살마하살이 열 가지 장이 있다.

무엇이 열인가?

이른바 부처님의 종자를 끊지 않

음이 보살의 장이니 부처님 법의 한량없는 위엄과 공덕을 열어 보이는 까닭이며, 법의 종자를 증장함이 보살의 장이니 지혜의 광대한 광명을 내는 까닭이며, 스님의 종자를 머물러 유지함이 보살의 장이니 그들로 하여금 물러나지 않는 법륜에 듦을 얻게 하는 까닭이다.

바르게 결정된 중생을 깨닫게 함이 보살의 장이니 그 때를 잘 따라서 한 생각도 넘기지 않는 까닭이며, 결정되지 못한 중생을 끝까지 성숙하게 함이 보살의 장이니 원인이 서로 계속하여 끊어짐이 없게 하는 까닭이며, 잘못 결정된 중생을 위하여 대비를 일으킴이 보살의 장이니 미래의 원인이 다 성숙함을 얻게 하는 까닭이다.

　부처님의 열 가지 힘의 깨뜨릴 수 없는 원인을 만족함이 보살의 장이니 마군을 항복 받아 상대가 없는 선근을 갖춘 까닭이며, 가장 수승하고 두려움 없이 크게 사자후함이 보살의 장이니 일체 중생으로 하여금 다 환희하게 하는 까닭이다.

부처님의 열여덟 가지 함께하지 않는 법을 얻음이 보살의 장이니 지혜로 일체 처에 널리 들어가는 까닭이며, 일체 중생과 일체 세계와 일체 법과 일체 부처님을 널리 밝게 아는 것이 보살의 장이니 잠깐 동안에 모두 분명하게 보는 까닭이다.

이것이 열이다.

만약 모든 보살들이 이 법에 편안히 머무르면 곧 여래의 위없는 선근인 깨뜨릴 수 없는 큰 지혜의 장을 얻는다.

　불자들이여, 보살마하살이 열 가지 마음이 있다.
　무엇이 열인가?
　이른바 정진하는 마음이니 일체 짓는 바가 모두 끝까지 이르는 까닭이며, 게으르지 않은 마음이니 상호와 복덕의 행을 쌓아 모으는 까닭이며, 크게 용맹한 마음이니 일체 모든 마군을 꺾어 부수는 까닭이다.
　이치대로 행하는 마음이니 일체 모

든 번뇌를 멸하여 없애는 까닭이며, 물러나지 않는 마음이니 이에 보리에 이르기까지 마침내 쉬지 않는 까닭이며, 성품이 청정한 마음이니 마음이 흔들리지 않음을 알아서 집착하는 바가 없는 까닭이다.

중생을 아는 마음이니 그 지혜와 욕망을 따라 벗어나게 하는 까닭이며, 부처님 법에 들게 하는 큰 범천에 머무르는 마음이니 모든 중생들의 갖가지 지혜와 욕망을 알고 다른 탈 것으로 구호하지 않는 까닭이다.

공하고 모양이 없고 원이 없고 지음이 없는 마음이니 삼계의 모양을 보되 집착하지 않는 까닭이며, 만(卍)자 형상의 금강처럼 견고하고 수승한 창고로 장엄하는 마음이니 일체 중생의 수효와 같은 마가 오더라도 내지 능히 한 터럭도 흔들리지 않는 까닭이다.

이것이 열이다.

만약 모든 보살들이 이 법에 편안히 머무르면 곧 여래의 위없는 큰 지혜 광명의 창고 마음을 얻는다.

불자들이여, 보살마하살이 열 가지 갑옷을 입음이 있다.

무엇이 열인가?

이른바 대자의 갑옷을 입음이니 일체 중생을 구호하는 까닭이며, 대비의 갑옷을 입음이니 일체 모든 괴로움을 참고 견디는 까닭이며, 큰 서원의 갑옷을 입음이니 일체 짓는 바를 끝까지 다하는 까닭이다.

회향의 갑옷을 입음이니 일체 부처님의 장엄을 건립하는 까닭이며, 복덕의 갑옷을 입음이니 일체 모든 중생들을 요익하는 까닭이며, 바라밀의 갑옷을 입음이니 일체 모든 중생들을 제도하여 해탈시키는 까닭이다.

지혜의 갑옷을 입음이니 일체 중생의 어두운 번뇌를 멸하는 까닭이며, 교묘한 방편의 갑옷을 입음이니 넓은 문의 선근을 내는 까닭이며, 일체 지혜의 마음이 견고하여 산란하지 않는 갑옷을 입음이니 다른 탈 것을 좋아하지 않는 까닭이며, 한 마음의 결정한 갑옷을 입음이니 일체 법에 의혹을 여의는 까닭이다.
　이것이 열이다.
　만약 모든 보살들이 이 법에 편안히 머무르면 곧 여래의 위없는 갑옷과 투구를 입고 일체 마군을 모두 능히 꺾어 항복시킨다.

　불자들이여, 보살마하살이 열 가지 무기가 있다.
　무엇이 열인가?
　이른바 보시하는 것이 보살의 무기이니 일체 인색함을 꺾어 부수는 까닭이며, 계를 지니는 것이 보살의 무기이니 일체 범하는 것을 버리는 까닭이다.

평등함이 보살의 무기이니 일체 분별을 끊어 없애는 까닭이며, 지혜가 보살의 무기이니 일체 번뇌를 소멸하는 까닭이다.

바르게 생활함이 보살의 무기이니 일체 잘못된 생활을 멀리 여의는 까닭이며, 선교 방편이 보살의 무기이니 일체 처에 나타내 보이는 까닭이다.

간략히 말하여 탐욕과 성냄과 어리석음 등의 일체 번뇌가 보살의 무기이니 번뇌의 문으로 중생들을 제도하는 까닭이며, 생사가 보살의 무기이니 보살의 행을 끊지 않고 중생을 교화하는 까닭이다.

여실한 법을 설함이 보살의 무기이니 일체 집착을 능히 깨뜨리는 까닭이며, 일체 지혜가 보살의 무기이니 보살의 행하는 문을 버리지 않는 까닭이다.

이것이 열이다.

만약 모든 보살들이 이 법에 편안히 머무르면 곧 능히 일체 중생의 긴 긴 밤에 모은 바 번뇌를 없앤다.

불자들이여, 보살마하살이 열 가지 머리가 있다.
무엇이 열인가?
이른바 열반의 머리이니 정수리를 볼 수 없는 까닭이며, 존경하는 머리이니 일체 사람과 천신들이 경례하는 바인 까닭이다.
광대하고 수승한 지혜의 머리이니

삼천세계에 가장 수승함이 되는 까닭이며, 제일가는 선근의 머리이니 삼계의 중생들이 다 공양올리는 까닭이다.

중생을 이고 지는 머리이니 정수리 위에 육계의 모습을 성취하는 까닭이며, 다른 이를 업신여기지 않는 머리이니 일체 처에서 항상 존중하는 까닭이다.

반야바라밀의 머리이니 일체 공덕의 법을 기르는 까닭이며, 방편 지혜와 서로 응하는 머리이니 일체 같은 종류의 몸을 널리 나타내는 까닭이다.

 일체 중생을 교화하는 머리이니 일체 중생으로 제자를 삼는 까닭이며, 모든 부처님 법의 눈을 수호하는 머리이니 능히 삼보의 종자를 끊어지지 않게 하는 까닭이다.

 이것이 열이다.

 만약 모든 보살들이 이 법에 편안히 머무르면 곧 여래의 위없는 큰 지혜의 머리를 얻는다.

불자들이여, 보살마하살이 열 가지 눈이 있다.

이른바 육안이니 일체 색을 보는 까닭이며, 천안이니 일체 중생의 마음을 보는 까닭이며, 혜안이니 일체 중생의 모든 근의 경계를 보는 까닭이다.

법안이니 일체 법의 여실한 모양을 보는 까닭이며, 불안이니 여래의 열 가지 힘을 보는 까닭이며, 지안이니 모든 법을 알고 보는 까닭이다.

광명의 눈이니 부처님의 광명을 보

는 까닭이며, 생사에서 벗어나는 눈이니 열반을 보는 까닭이며, 걸림 없는 눈이니 보는 바가 걸림이 없는 까닭이며, 일체 지혜의 눈이니 넓은 문의 법계를 보는 까닭이다.

이것이 열이다.

만약 모든 보살들이 이 법에 편안히 머무르면 곧 여래의 위없는 큰 지혜의 눈을 얻는다.

불자들이여, 보살마하살이 열 가지 귀가 있다.

무엇이 열인가?

이른바 찬탄하는 소리를 들음에 탐욕과 애정을 끊으며, 훼방하는 소리를 들음에 성내는 것을 끊으며, 이승을 설함을 들음에 집착하지 않고 구하지 않으며, 보살의 도를 들음에 환희하여 뛰논다.

지옥 등 모든 괴롭고 어려운 곳을 들음에 대비의 마음을 일으켜 큰 서원을 내며, 사람과 천신들의 수승하고 묘한 일을 설함을 들음에 그것이 다 무상한 법임을 알며, 모든 부처님의 공덕을 찬탄함이 있음을 들음에 부지런히 더욱 노력하여 빨리 원만하게 하며, 여섯 가지 바라밀과 네 가지 거두어 주는 등의 법 설함을 들음에 발심하여 수행하고 피안에 이르기를 원한다.

시방세계의 일체 음성을 듣고는 모두 메아리와 같음을 알아 말할 수 없이 매우 깊은 미묘한 이치에 들어가며, 보살마하살이 처음 발심함으로부터 이에 도량에 이르기까지 항상 바른 법을 들어 일찍이 잠깐도 쉬지 아니하되 항상 중생을 교화하는 일을 버리지 아니한다.

이것이 열이다.

만약 모든 보살들이 이 법을 성취하면 곧 여래의 위없는 큰 지혜의 귀를 얻는다.

불자들이여, 보살마하살이 열 가지 코가 있다.

무엇이 열인가?

이른바 모든 악취를 맡고도 구리다 하지 않으며, 모든 향기를 맡고도 향기롭다 하지 않으며, 향기와 악취를 함께 맡되 그 마음이 평등하며, 향기도 아니고 악취도 아님에 버리는 데 편안히 머무른다.

만약 중생들의 의복과 이부자리와 그 온몸에서 나는 향기와 악취를 맡으면 곧 능히 그 탐욕과 성냄과 어리석음과 같은 분량의 행을 안다.

만약 모든 묻혀 있는 것과 초목 등의 향기를 맡고는 다 눈앞에 대하듯 분명히 밝게 안다.

만약 아래로 아비지옥에 이르고 위

로 유정천에 이르는 중생들의 향기를 맡으면 그들이 과거에 행한 행을 다 안다.

만약 모든 성문들의 보시하고 계를 지니고 많이 들은 지혜의 향기를 맡으면 일체 지혜의 마음에 머물러 흩어지지 않게 한다.

만약 일체 보살행의 향기를 맡으면 평등한 지혜로 여래의 경지에 들어가며, 일체 부처님의 지혜 경계의 향기를 맡으면 또한 모든 보살행을 그만두어 버리지 아니한다.

이것이 열이다.

만약 모든 보살들이 이 법을 성취하면 곧 여래의 한량없고 가없는 청정한 코를 얻는다.

불자들이여, 보살마하살이 열 가지 혀가 있다.

무엇이 열인가?

이른바 다함없는 중생들의 행을 열어 보여 연설하는 혀와, 다함없는 법문을 열어 보여 연설하는 혀와, 모든 부처님의 다함없는 공덕을 찬탄하는 혀이다.

연설하는 변재가 다함없는 혀와, 대승의 도를 도움을 열어서 넓히는 혀와, 시방 허공을 두루 덮는 혀이다.

일체 부처님 세계를 널리 비추는 혀와, 널리 중생들로 하여금 깨달아 알게 하는 혀와, 모든 부처님으로 하여금 다 환희하시게 하는 혀이다.

일체 모든 마와 외도들을 항복시키고 일체 생사의 번뇌를 멸해 없애어 열반에 이르게 하는 혀이다.

이것이 열이다.

만약 모든 보살들이 이 법을 성취하면 곧 여래의 일체 모든 부처님 국토를 두루 덮는 위없는 혀를 얻는다.

불자들이여, 보살마하살이 열 가지 몸이 있다.

무엇이 열인가?

이른바 사람의 몸이니 일체 모든 사람들을 교화하기 위한 까닭이며, 사람 아닌 이의 몸이니 지옥과 축생과 아귀를 교화하기 위한 까닭이며,

천신의 몸이니 욕계와 색계와 무색계의 중생들을 교화하기 위한 까닭이다.

배우는 몸이니 배우는 지위를 나타내 보이는 까닭이며, 배울 것 없는 몸이니 아라한의 지위를 나타내 보이는 까닭이며, 독각의 몸이니 교화하여 벽지불의 지위에 들게 하는 까닭이며, 보살의 몸이니 대승을 성취케 하는 까닭이다.

여래의 몸이니 지혜의 물로 관정하는 까닭이며, 뜻대로 나는 몸이니 선교로 출생하는 까닭이며, 샘이 없는 법의 몸이니 공들여 작용함이 없으므로 일체 중생의 몸을 나타내 보이는 까닭이다.

이것이 열이다.

만약 모든 보살들이 이 법을 성취하면 곧 여래의 위없는 몸을 얻는다.

불자들이여, 보살마하살이 열 가지 뜻이 있다.

무엇이 열인가?

이른바 상수의 뜻이니 일체 선근을

일으키는 까닭이며, 편안히 머무르는 뜻이니 깊은 믿음이 견고하여 흔들리지 않는 까닭이다.

깊이 들어가는 뜻이니 부처님 법을 따라 이해하는 까닭이며, 안으로 아는 뜻이니 모든 중생들의 마음에 좋아함을 아는 까닭이다.

어지럽지 않은 뜻이니 일체 번뇌가 섞이지 않는 까닭이며, 밝고 깨끗한 뜻이니 객진번뇌가 능히 물들이지 못하는 까닭이다.

중생을 잘 관찰하는 뜻이니 한 생

각도 때를 놓침이 없는 까닭이며, 지을 바를 잘 선택하는 뜻이니 일찍이 한 곳에도 허물이 생기지 않는 까닭이다.

모든 근을 은밀히 보호하는 뜻이니 조복하여 흘러 달아나지 못하게 하는 까닭이며, 삼매에 잘 들어가는 뜻이니 부처님의 삼매에 깊이 들어가 '나'와 '나의 것'이 없는 까닭이다.

이것이 열이다.

만약 모든 보살들이 이 법에 편안히 머무르면 곧 일체 부처님의 위없는 뜻을 얻는다.

　불자들이여, 보살마하살이 열 가지 행이 있다.
　무엇이 열인가?
　이른바 법을 듣는 행이니 법을 좋아하는 까닭이며, 법을 설하는 행이니 중생들을 이익하게 하는 까닭이다.

　탐욕과 성냄과 어리석음과 두려움을 여의는 행이니 스스로의 마음을 조복하는 까닭이며, 욕계의 행이니 욕계의 중생들을 교화하는 까닭이다.

　색계와 무색계의 삼매 행이니 빨리 전환하게 하는 까닭이며, 법과 이치를 향해 나아가는 행이니 지혜를 빨리 얻는 까닭이다.

　일체 처소에 태어나는 행이니 자재하게 중생들을 교화하는 까닭이며, 일체 부처님 세계의 행이니 모든 부처님께 예배하고 공양올리는 까닭이다.

　열반의 행이니 생사가 서로 이어짐

을 끊지 않는 까닭이며, 일체 부처님 법을 원만히 이루는 행이니 보살 법의 행을 버리지 않는 까닭이다.

이것이 열이다.

만약 모든 보살들이 이 법에 편안히 머무르면 곧 여래의 옴도 없고 감도 없는 행을 얻는다.

불자들이여, 보살마하살이 열 가지 머무름이 있다.

무엇이 열인가?

이른바 보리심에 머무름이니 잠깐

도 잊어버리지 않는 까닭이며, 바라밀에 머무름이니 도를 도움을 싫어하지 않는 까닭이다.

　법을 설함에 머무름이니 지혜를 증장하는 까닭이며, 아란야에 머무름이니 큰 선정을 증득하는 까닭이다.

　일체지를 수순하여 두타와 만족함을 아는 네 성인의 종자에 머무름이니 욕심이 적고 일이 적은 까닭이며, 깊은 믿음에 머무름이니 바른 법을 짊어지는 까닭이다.

　여래를 친근함에 머무름이니 부처

님의 위의를 배우는 까닭이며, 신통을 출생함에 머무름이니 큰 지혜를 원만하게 하는 까닭이다.

지혜를 얻는 데 머무름이니 수기를 만족하게 받는 까닭이며, 도량에 머무름이니 힘과 두려움 없음과 일체 부처님의 법을 구족하는 까닭이다.

이것이 열이다.

만약 모든 보살들이 이 법에 편안히 머무르면 곧 일체지의 위없는 머무름을 얻는다.

불자들이여, 보살마하살이 열 가지 앉음이 있다.

무엇이 열인가?

이른바 전륜왕의 앉음이니 열 가지 선한 길을 일으키는 까닭이며, 사천왕의 앉음이니 일체 세간에 부처님의 법을 자재하게 편안히 세우는 까닭이다.

제석의 앉음이니 일체 중생에게 수승한 임금이 되는 까닭이며, 범천의 앉음이니 자기와 다른 이에게 마음이 자재함을 얻는 까닭이다.

사자의 앉음이니 법을 능히 설하는 까닭이며, 바른 법의 앉음이니 총지와 변재의 힘으로 열어 보이는 까닭이다.

견고하게 앉음이니 서원이 끝까지 이르는 까닭이며, 대자의 앉음이니 악한 중생들로 하여금 모두 환희하게 하는 까닭이다.

대비의 앉음이니 일체 고통을 참되 피로해하거나 싫어하지 않는 까닭이며, 금강의 앉음이니 온갖 마와 외도들을 항복시키는 까닭이다.

이것이 열이다.

만약 모든 보살들이 이 법에 편안히 머무르면 곧 여래의 위없는 정각의 앉음을 얻는다.

불자들이여, 보살마하살이 열 가지 누움이 있다.

무엇이 열인가?

이른바 고요히 누움이니 몸과 마음이 담박한 까닭이며, 선정의 누움이니 이치대로 수행하는 까닭이며, 삼매의 누움이니 몸과 마음이 부드

러운 까닭이다.

　범천의 누움이니 나와 남을 괴롭게 하지 않는 까닭이며, 선한 업의 누움이니 뒤에 후회하지 않는 까닭이며, 바른 믿음의 누움이니 흔들 수 없는 까닭이다.

　바른 도의 누움이니 착한 벗이 열어 깨우쳐 주는 까닭이며, 미묘한 서원의 누움이니 교묘하게 회향하는 까닭이다.

　일체 일을 마친 누움이니 지을 바를 다 마친 까닭이며, 모든 공들여 작용함을 버린 누움이니 일체가 익숙하게 된 까닭이다.

　이것이 열이다.

　만약 모든 보살들이 이 법에 편안히 머무르면 곧 여래의 위없는 큰 법의 누움을 얻어 일체 중생을 모두 능히 깨우친다.

　불자들이여, 보살마하살이 열 가지 머무를 곳이 있다.

　무엇이 열인가?

　이른바 대자로 머무를 곳을 삼으니

일체 중생에게 마음이 평등한 까닭이며, 대비로 머무를 곳을 삼으니 아직 배우지 않은 이를 가벼이 여기지 않는 까닭이다.

대희로 머무를 곳을 삼으니 일체 근심과 괴로움을 여읜 까닭이며, 대사로 머무를 곳을 삼으니 함이 있고 함이 없음에 평등한 까닭이다.

일체 바라밀로 머무를 곳을 삼으니 보리심이 머리가 되는 까닭이며, 일체 공함으로 머무를 곳을 삼으니 교묘하게 관찰하는 까닭이다.

모양이 없음으로 머무를 곳을 삼으니 바른 지위에서 벗어나지 않는 까닭이며, 원이 없음으로 머무를 곳을 삼으니 태어남을 관찰하는 까닭이다.

생각하는 지혜로 머무를 곳을 삼으니 아는 법을 원만히 성취하는 까닭이며, 일체 법이 평등함으로 머무를 곳을 삼으니 기별을 받는 까닭이다.

이것이 열이다.

만약 모든 보살들이 이 법에 편안히 머무르면 곧 여래의 위없고 걸림 없이 머무를 곳을 얻는다.

 불자들이여, 보살마하살이 열 가지 행할 곳이 있다.
 무엇이 열인가?
 이른바 바른 생각으로 행할 곳을 삼으니 생각하는 곳에 만족하는 까닭이며, 모든 갈래로 행할 곳을 삼으니 바른 깨달음의 법으로 나아가는 까닭이다.
 지혜로 행할 곳을 삼으니 부처님의 환희를 얻는 까닭이며, 바라밀로 행할 곳을 삼으니 일체지의 지혜를 만족하는 까닭이다.

네 가지 거두어 줌으로 행할 곳을 삼으니 중생을 교화하는 까닭이며, 생사로 행할 곳을 삼으니 선근을 쌓아 모으는 까닭이다.

일체 중생과 더불어 잡담하고 희롱함으로 행할 곳을 삼으니 마땅함을 따라 교화하여 길이 여의게 하는 까닭이며, 신통으로 행할 곳을 삼으니 일체 중생의 모든 근기의 경계를 아는 까닭이다.

교묘한 방편으로 행할 곳을 삼으니 반야바라밀과 서로 응하는 까닭이며, 도량으로 행할 곳을 삼으니 일체 지혜를 이루되 보살의 행을 끊지 않는 까닭이다.

이것이 열이다.

만약 모든 보살들이 이 법에 편안히 머무르면 곧 여래의 위없는 큰 지혜의 행할 곳을 얻는다.

불자들이여, 보살마하살이 열 가지 관찰이 있다.

무엇이 열인가?

이른바 모든 업을 아는 관찰이니 미세하게 모두 보는 까닭이며, 모든 갈래를 아는 관찰이니 중생을 취하지 않는 까닭이며, 모든 근을 아는 관찰이니 근이 없음을 밝게 통달하는 까닭이다.

모든 법을 아는 관찰이니 법계를 깨뜨리지 않는 까닭이며, 부처님 법을 보는 관찰이니 부처님의 눈을 부지런히 닦는 까닭이며, 지혜를 얻는 관찰이니 이치대로 법을 설하는 까닭이며, 생멸이 없는 법인의 관찰이니 부처님 법을 분명히 아는 까닭이다.

물러나지 않는 자리의 관찰이니 일체 번뇌를 멸하고 삼계와 이승의 지위를 뛰어넘는 까닭이며, 관정의 지위의 관찰이니 일체 부처님의 법에 자재하여 흔들리지 않는 까닭이며, 잘 깨달은 지혜 삼매의 관찰이니 일체 시방에서 불사를 짓는 까닭이다.

이것이 열이다.

만약 모든 보살들이 이 법에 편안

히 머무르면 곧 여래의 위없는 큰 관찰의 지혜를 얻는다.

불자들이여, 보살마하살이 열 가지 널리 관찰함이 있다.
무엇이 열인가?
이른바 일체 모두 와서 구하는 자들을 널리 관찰함이니 어기지 않는 마음으로 그 뜻을 만족케 하는 까닭이며, 일체 계를 범한 중생들을 널리 관찰함이니 여래의 깨끗한 계 가운데 편안하게 두는 까닭이다.

일체 해치려는 마음의 중생을 널리 관찰함이니 여래의 참는 힘 가운데 편안하게 두는 까닭이며, 일체 게으른 중생들을 널리 관찰함이니 부지런히 정진하여 짊어진 대승의 짐을 버리지 않도록 권하는 까닭이다.

일체 산란한 마음의 중생들을 널리 관찰함이니 여래의 일체지의 지위에 머물러 흔들리지 않게 하는 까닭이며, 일체 나쁜 지혜의 중생을 널리 관찰함이니 의혹을 없애어 '있다'라는 소견을 깨뜨리게 하는 까닭이다.

 일체 평등한 착한 벗을 널리 관찰함이니 그 가르침과 명을 따라 부처님 법에 머무르는 까닭이며, 일체 들은 바 법을 널리 관찰함이니 최상의 이치를 빨리 증득하여 보이는 까닭이다.

 일체 가없는 중생들을 널리 관찰함이니 대비의 힘을 항상 버려 여의지 않는 까닭이며, 일체 모든 부처님의 법을 널리 관찰함이니 일체지를 빨리 성취하는 까닭이다.

이것이 열이다.

만약 모든 보살들이 이 법에 편안히 머무르면 곧 여래의 위없는 큰 지혜로 널리 관찰함을 얻는다.

불자들이여, 보살마하살이 열 가지 떨쳐 일어남이 있다.

무엇이 열인가?

이른바 소의 왕의 떨쳐 일어남이니 일체 천신과 용과 야차와 건달바 등의 모든 대중들을 덮어 가리는 까닭이며, 코끼리의 왕의 떨쳐 일어남이니 마음이 잘 조복되고 유순하여 일체 모든 중생들을 짊어지는 까닭이다.

용왕의 떨쳐 일어남이니 큰 법의 두터운 구름을 일으키고 해탈의 번개를 번쩍이며 여실한 이치의 우레를 진동시켜, 모든 근과 힘과 각분과 선정과 해탈과 삼매의 감로비를 내리는 까닭이다.

큰 금시조왕의 떨쳐 일어남이니 탐애의 물을 말리고 어리석음의 껍데기를 깨뜨리며 번뇌의 모든 악독한

용을 잡아내어 생사의 큰 고통 바다에서 벗어나게 하는 까닭이다.

큰 사자왕의 떨쳐 일어남이니 두려움 없는 평등한 큰 지혜에 편안히 머무름으로 무기를 삼아 온갖 마와 외도들을 꺾어 조복하는 까닭이며, 용맹하고 강건한 떨쳐 일어남이니 능히 생사의 큰 전쟁 중에 일체 번뇌의 원수를 꺾어 없애는 까닭이다.

큰 지혜의 떨쳐 일어남이니 온과 계와 처와 모든 연기를 알고 자재하게 일체 법을 열어 보이는 까닭이며,

다라니의 떨쳐 일어남이니 생각하는 지혜의 힘으로 법을 지니고 잊지 않으며 중생의 근기를 따라 설하는 까닭이며, 변재의 떨쳐 일어남이니 걸림 없이 빠르게 일체를 분별하여 다 이익을 받고 마음이 환희하게 하는 까닭이다.

여래의 떨쳐 일어남이니 일체지의 지혜와 도를 돕는 법을 모두 다 원만히 성취하여, 한 생각에 서로 응하는 지혜로 마땅히 얻을 것은 일체를 다 얻으며, 마땅히 깨달을 것은 일체를

다 깨달아 사자좌에 앉아 마와 원적을 항복 받고 아뇩다라삼먁삼보리를 이루는 까닭이다.

이것이 열이다.

만약 모든 보살들이 이 법에 편안히 머무르면 곧 모든 부처님의 일체법에 위없이 자재한 떨쳐 일어남을 얻는다.

불자들이여, 보살마하살이 열 가지 사자후가 있다.

무엇이 열인가?

이른바 '나는 마땅히 반드시 결정코 정등각을 이루리라'고 외치니, 이것은 보리심의 큰 사자후이다.

'나는 마땅히 일체 중생의 제도받지 못한 자로 하여금 제도받게 하며 해탈하지 못한 자로 하여금 해탈하게 하며 편안하지 못한 자로 하여금 편안하게 하며 열반하지 못한 자로 하여금 열반을 얻게 하리라'고 하니, 이것은 대비의 큰 사자후이다.

'나는 마땅히 불·법·승의 종자가 끊어지지 않게 하리라'고 하니, 이것은 여래의 은혜를 갚는 큰 사자후이다.

'나는 마땅히 일체 부처님 세계를 깨끗이 장엄하리라'고 하니, 이것은 견고한 서원을 끝까지 이루는 큰 사자후이다.

'나는 마땅히 일체 나쁜 길과 모든 어려운 곳을 멸하여 없애리라'고 하니, 이것은 스스로 청정한 계를 지니는 큰 사자후이다.

'나는 마땅히 일체 모든 부처님의 몸과 말과 뜻과 상호의 장엄을 만족하리라'고 하니, 이것은 복을 구함에 싫어함이 없는 큰 사자후이다.

'나는 마땅히 일체 모든 부처님께서 지니신 지혜를 원만히 이루리라'고 하니, 이것은 지혜를 구함에 싫어함이 없는 큰 사자후이다.

'나는 마땅히 일체 온갖 마와 모든 마의 업을 멸하여 없애리라'고 하니, 이것은 바른 행을 닦아 모든 번뇌를 끊는 큰 사자후이다.

'나는 마땅히 일체 모든 법이 '나'가 없고, 중생이 없고, 수명이 없고,

보가락가 없고, 공하고, 모양이 없고, 원이 없어서 깨끗하기가 허공과 같음을 밝게 알리라'고 하니, 이것은 생멸이 없는 법을 아는 큰 사자후이다.

최후에 태어난 보살로서 일체 모든 부처님의 국토를 진동시켜 모두 깨끗이 장엄하게 하니, 이때에 일체 제석과 범천과 사천왕들이 다 와서 찬탄하여 청하기를 '오직 원하건대 보살께서는 생사가 없는 법으로 태어남을 나타내소서'라고 한다.

보살이 곧 걸림 없는 지혜의 눈으로 세간의 일체 중생이 나와 같은 자가 없음을 널리 살펴보고 곧 왕궁에 탄생함을 나타내 보여 스스로 일곱 걸음을 걸으면서 크게 사자후를 하였다.

'나는 세간에서 가장 수승하고 제일이니, 내가 마땅히 생사의 끝을 길이 다하리라'고 하니, 이것은 설한 대로 짓는 큰 사자후이다.

이것이 열이다.

만약 모든 보살들이 이 법에 편안

히 머무르면 곧 여래의 위없는 큰 사
자후를 얻는다."

〈대방광불화엄경 제57권〉

회향송

아차보현수승행
무변승복개회향
보원침익제중생
속왕무량광불찰

시방삼세일체불
제존보살마하살
마하반야바라밀

廻向頌

我此普賢殊勝行
無邊勝福皆迴向
普願沈溺諸眾生
速往無量光佛剎

十方三世一切佛
諸尊菩薩摩訶薩
摩訶般若波羅蜜

大方廣佛華嚴經 — 부록

- 대방광불화엄경 목차

- 간행사

대방광불화엄경
목차

⟨제1회⟩

제1권	제1품	세주묘엄품 [1]
제2권	제1품	세주묘엄품 [2]
제3권	제1품	세주묘엄품 [3]
제4권	제1품	세주묘엄품 [4]
제5권	제1품	세주묘엄품 [5]
제6권	제2품	여래현상품
제7권	제3품	보현삼매품
	제4품	세계성취품
제8권	제5품	화장세계품 [1]
제9권	제5품	화장세계품 [2]
제10권	제5품	화장세계품 [3]
제11권	제6품	비로자나품

⟨제2회⟩

제12권	제7품	여래명호품
	제8품	사성제품
제13권	제9품	광명각품
	제10품	보살문명품
제14권	제11품	정행품
	제12품	현수품 [1]
제15권	제12품	현수품 [2]

⟨제3회⟩

제16권	제13품	승수미산정품
	제14품	수미정상게찬품
	제15품	십주품
제17권	제16품	범행품
	제17품	초발심공덕품
제18권	제18품	명법품

〈제4회〉

제19권 제19품 승야마천궁품

　　　　제20품 야마궁중게찬품

　　　　제21품 십행품 [1]

제20권 제21품 십행품 [2]

제21권 제22품 십무진장품

〈제5회〉

제22권 제23품 승도솔천궁품

제23권 제24품 두솔궁중게찬품

　　　　제25품 십회향품 [1]

제24권 제25품 십회향품 [2]

제25권 제25품 십회향품 [3]

제26권 제25품 십회향품 [4]

제27권 제25품 십회향품 [5]

제28권 제25품 십회향품 [6]

제29권 제25품 십회향품 [7]

제30권 제25품 십회향품 [8]

제31권 제25품 십회향품 [9]

제32권 제25품 십회향품 [10]

제33권 제25품 십회향품 [11]

〈제6회〉

제34권 제26품 십지품 [1]

제35권 제26품 십지품 [2]

제36권 제26품 십지품 [3]

제37권 제26품 십지품 [4]

제38권 제26품 십지품 [5]

제39권 제26품 십지품 [6]

〈제7회〉

제40권 제27품 십정품 [1]

제41권 제27품 십정품 [2]

제42권 제27품 십정품 [3]

제43권 제27품 십정품 [4]

제44권 제28품 십통품

　　　　제29품 십인품

제45권 제30품 아승지품

　　　　제31품 수량품

　　　　제32품 제보살주처품

제46권 제33품 불부사의법품 [1]

제47권 제33품 불부사의법품 [2]

제48권	제34품	여래십신상해품	제63권	제39품	입법계품 [4]
	제35품	여래수호광명공덕품	제64권	제39품	입법계품 [5]
제49권	제36품	보현행품	제65권	제39품	입법계품 [6]
제50권	제37품	여래출현품 [1]	제66권	제39품	입법계품 [7]
제51권	제37품	여래출현품 [2]	제67권	제39품	입법계품 [8]
제52권	제37품	여래출현품 [3]	제68권	제39품	입법계품 [9]
			제69권	제39품	입법계품 [10]

〈제8회〉

			제70권	제39품	입법계품 [11]
제53권	제38품	이세간품 [1]	제71권	제39품	입법계품 [12]
제54권	제38품	이세간품 [2]	제72권	제39품	입법계품 [13]
제55권	제38품	이세간품 [3]	제73권	제39품	입법계품 [14]
제56권	제38품	이세간품 [4]	제74권	제39품	입법계품 [15]
제57권	**제38품**	**이세간품 [5]**	제75권	제39품	입법계품 [16]
제58권	제38품	이세간품 [6]	제76권	제39품	입법계품 [17]
제59권	제38품	이세간품 [7]	제77권	제39품	입법계품 [18]
			제78권	제39품	입법계품 [19]

〈제9회〉

			제79권	제39품	입법계품 [20]
제60권	제39품	입법계품 [1]	제80권	제39품	입법계품 [21]
제61권	제39품	입법계품 [2]			
제62권	제39품	입법계품 [3]			

간 행 사

　귀의삼보 하옵고,
『대방광불화엄경』의 수지 독송과 유통을 발원하면서 수미정사 불전연구원에서 『독송본 한문·한글역 대방광불화엄경』과 『사경본 한글역 대방광불화엄경』을 편찬하여 간행하게 되었습니다.
　『화엄경』은 우리나라에 전래된 이래 일찍부터 사경되고 주석·강설되어 왔으며 근현대에 이르러서는 『화엄경』의 한글 번역과 연구도 부쩍 많이 이루어졌습니다. 그만큼 『화엄경』이 우리 불자님들의 신행과 해탈에 큰 의지처가 되었던 것임을 알 수 있습니다.
　『화엄경』을 독송하고 사경하는 공덕은 설법 공덕과 함께 크게 강조되어 왔습니다. 그리하여 수미정사 불전연구원에서도 『화엄경』(80권)을 독송하고 사경하는 데 도움이 되도록 한문 원문과 한글역을 함께 수록한 독송본과 한글역의 사경본 『화엄경』 간행불사를 발원하였습니다. 이 『화엄경』 간행불사에 뜻을 같이하여 적극 후원해주신 스님들과 재가 불자님들께 깊이 감사드립니다. 또한 『화엄경』을 수지 독송할 수 있도록 경책의 모습으로 장엄해 주신 편집위원들과 담앤북스 출판사 관계자들께도 고마움을 표합니다.
　끝으로 이 불사의 원만 회향으로 『화엄경』이 널리 유통되고, 온 법계에 부처님의 가피가 충만하시길 기원드립니다.
　나무 대방광불화엄경

　　　　　　　　　　　　　　　불기 2564년 '부처님오신날'을 봉축하며
　　　　　　　　　　　　　　　　　　　　　　　수미해주 합장

위태천신(동진보살)

수미해주 須彌海住

호거산 운문사에서 성관 스님을 은사로 출가, 석암 대화상을 계사로 사미니계 수계, 월하 전계사를 계사로 비구니계 수계, 계룡산 동학사 전문강원 졸업, 동국대학교 불교대학 및 동 대학원 졸업, 철학박사, 가산지관 대종사에게서 전강, 동국대학교 불교대학 교수, 동학승가대학 학장 및 화엄학림 학림장, 중앙승가대학교 법인이사 역임.
(현) 수미정사 주지, 동국대학교 명예교수.
저·역서로 『의상화엄사상사연구』, 『화엄의 세계』, 『정선 원효』, 『정선 화엄1』, 『정선 지눌』, 『법계도기총수록』, 『해주스님의 법성게 강설』 등 다수.

사경본 한글역
대방광불화엄경 제57권

| 초판 1쇄 발행_ 2025년 6월 24일

| 엮 은 이 _ 수미해주
| 엮 은 곳 _ 수미정사 불전연구원
| 편집위원 _ 해주 수정 경진 선초 정천 석도 박보람 최원섭
| 편 집 보 _ 무이 무진 지욱 혜명

| 펴 낸 이 _ 오세룡
| 펴 낸 곳 _ 담앤북스
　　　　　서울특별시 종로구 새문안로3길 23 경희궁의 아침 4단지 805호
　　　　　대표전화 02)765-1251　전자우편 dhamenbooks@naver.com
　　　　　출판등록 제300-2011-115호
| ISBN_ 979-11-6201-550-6　04220

이 책은 저작권 법에 따라 보호받는 저작물이므로 무단전재와 복제를 금합니다.
이 책 내용의 전부 또는 일부를 이용하려면 반드시 저작권자와 담앤북스의 서면 동의를 받아야 합니다.

정가 10,000원
ⓒ 수미해주 2025